# Table des matières

Compter jusqu'au 100ᵉ jour d'école ................................ page 2

Lettre aux parents - Fête du 100ᵉ jour d'école ................ page 3

Hourra pour le 100ᵉ jour! ................................................ page 4

Chanson « Compte jusqu'à 100 » .................................. page 5

Fiches d'activités du 100ᵉ jour d'école .......................... page 6

Pages à reproduire pour les activités ........................... page 24

Certificat de célébration du 100ᵉ jour ............................ page 61

Certificat d'assiduité jusqu'au 100ᵉ jour ........................ page 62

Certificats de lecture ..................................................... page 63

Prix du meilleur costume du 100ᵉ jour .......................... page 64

Cartes pour compter jusqu'à 100 .................................. page 65

Modèles pour cubes de base dix .................................. page 77

Modèles pour pièces de monnaie et billets ................... page 78

Corrigé ........................................................................... page 80

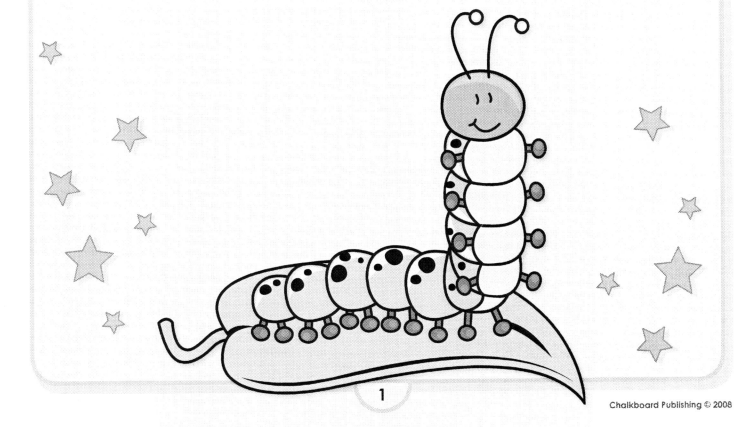

# Compter jusqu'au 100ᵉ jour d'école

Pour les jeunes enfants, il peut être amusant et excitant de compter les jours qui les séparent de la fête du 100ᵉ jour d'école. Intégrez le calcul des jours d'école dans vos activités quotidiennes ou dans la discussion du calendrier. Compter jusqu'à 100, au moyen de diverses méthodes, fournit aux élèves une multitude d'occasions de renforcer ces notions importantes que sont le calcul et la valeur de position. La valeur de position est, après tout, une notion essentielle à l'apprentissage de l'addition et de la soustraction des nombres à deux chiffres.

Nous vous proposons quelques activités pour le calcul des jours jusqu'au 100ᵉ jour d'école.

## Une ligne de nombres

Notez chaque jour d'école en indiquant le nombre correspondant. Vous pourriez créer un tableau des nombres de 1 à 100 ou encore afficher les nombres au-dessus du tableau de la classe et créer une ligne qui fait le tour de la pièce. Invitez les élèves à estimer l'endroit où sera affiché le nombre 100.

Exemple :

| Nombre de jours | 1 | 2 | 3 | 4 | 5 | 6 | 7 | etc. |
|---|---|---|---|---|---|---|---|---|

## Des pièces de monnaie

Utiliser des pièces de monnaie pour calculer les jours est une excellente façon de discuter de leur valeur ou de revoir cette notion d'une manière pratique. Commencez par une pièce de 1 ¢ à laquelle vous ajouterez une pièce de 1 ¢, quotidiennement, jusqu'au cinquième jour. Passez alors à une pièce de 5 ¢. Au dixième jour, passez à une pièce de 10 ¢, puis, plus tard, à une pièce de 25 ¢, et ainsi de suite jusqu'à ce que vous arriviez au 100ᵉ jour, qui sera représenté par une pièce de 1 $. Collez une bande magnétique au dos de véritables pièces de monnaie, puis fixez celles-ci sur le tableau.

## Des paquets de bâtonnets ou de pailles

Aidez les élèves à comprendre la position des unités, des dizaines et des centaines au moyen de paquets de bâtonnets ou de pailles représentant chaque valeur. Prenez trois contenants vides et placez sur chacun une étiquette indiquant qu'il s'agit d'unités, de dizaines ou de centaines. Chaque jour, ajoutez un bâtonnet ou une paille dans le contenant des unités. Lorsque vous arrivez à 10, attachez les bâtonnets ou les pailles ensemble et placez le paquet dans le contenant des dizaines pour montrer qu'il s'agit d'un groupe de 10. Au 36ᵉ jour, par exemple, vous devriez avoir six bâtonnets ou pailles dans le contenant des unités, et trois paquets de 10 bâtonnets ou pailles dans celui des dizaines.

## Un tableau des nombres jusqu'à 100

Les élèves peuvent s'exercer à compter par 1, 2, 5 ou 10 sur un tableau des nombres jusqu'à 100. Invitez-les à trouver certains nombres sur le tableau en utilisant le langage mathématique. Demandez-leur, par exemple, de trouver tous les nombres où le chiffre 8 occupe la place des unités.

## Une grille de calcul des jours

Au tableau, faites le compte des jours d'école qui passent. Vous pourriez inviter les élèves à prédire la date du 100ᵉ jour d'école.

# Fête du 100ᵉ jour d'école!

*Chers parents et tuteurs,*

Le _____ prochain sera le 100ᵉ jour d'école, que nous célébrerons en faisant diverses activités.

Ce jour-là, nous aimerions que les élèves apportent de chez eux une collection de 100 objets à partager avec leurs camarades. Il pourrait s'agir de 100 bonbons haricots, 100 trombones, 100 timbres ou 100 autocollants. Les objets doivent être divisés en groupes de 2, 5, 10, etc. Les enfants peuvent présenter leur collection de différentes façons. Voici quelques suggestions :

- un carton pour affiche
- une boîte à chaussures
- une boîte
- une chemise de carton
- un contenant
- un petit sac en plastique
- un pot
- un sac à dos

Nous demandons aussi aux élèves de se déguiser en personne âgée de 100 ans. D'ailleurs, si vous connaissez une personne âgée de 100 ans qui serait disposée à venir dans notre classe, nous vous prions de nous en informer.

*Nous vous remercions de nous aider à célébrer cette journée!*

Sincères salutations,

_____

# Hourra pour le 100ᵉ jour!

HIP! HIP! HIP! HOURRA!
LE 100ᴱ JOUR EST LÀ!

CÉLÉBRONS EN GRAND
AVEC LES ENSEIGNANTS!

HIP! HIP! HIP! HOURRA!

100 JOURS À L'ÉCOLE,
PENSEZ-Y!
ON A BEAUCOUP APPRIS
JUSQU'ICI!

# Chanson « Compte jusqu'à 100 »

C'EST LE 100$^E$ JOUR! CRIE-LE BIEN FORT!
COMPTE JUSQU'À 100 ENCORE ET ENCORE!

COMPTE PAR 1 AVEC QUELQU'UN!
1, 2, 3, 4, 5...

COMPTE PAR 2, C'EST COMME UN JEU!
2, 4, 6, 8, 10...

COMPTE PAR 5, PAS PAR 25!
5, 10, 15, 20, 25...

COMPTE PAR 10, C'EST TOUT UN EXERCICE!
10, 20, 30, 40...

# Fiches d'activités du 100ᵉ jour d'école

Vous pouvez vous servir des fiches d'activités avec une classe entière ou de petits groupes, ou encore les placer dans des « postes de célébration » où les élèves pourront faire les activités seuls ou en équipe. Dans la deuxième partie du présent cahier, vous trouverez des pages à reproduire qui serviront pour certaines des activités.

### Idées pour une classe entière

- Invitez les élèves à s'affronter dans des épreuves d'activité physique d'une durée de 100 secondes. Remettez à chaque élève une feuille où il pourra indiquer ses résultats.
- Faites tous ensemble les activités où il faut noter ou nommer 100 objets, 100 animaux, 100 adjectifs, etc.
- Demandez à toute la classe de garder le silence pendant 100 secondes.
- Les enfants peuvent apporter une fiche à la maison afin que toute la famille puisse faire l'activité indiquée.

### Postes de célébration

Les élèves s'amuseront à faire les activités seuls ou avec quelques camarades.

Suggestions :

1. Choisissez la période de temps qui convient le mieux à l'horaire de votre classe. Les élèves devraient circuler d'un poste à l'autre et faire le plus d'activités possible.

2. Décidez du nombre de postes que vous installerez et des activités que les élèves devront faire. Choisissez les activités avec soin afin que votre aide ne soit pas absolument requise à tous les postes.

3. Pour chacune des activités, placez les objets requis dans un contenant, afin que les élèves puissent avoir sous la main tout le matériel dont ils ont besoin. Vous voudrez peut-être inclure un exemple de l'activité complétée que les élèves pourront consulter au préalable.

4. Avant que les élèves commencent, présentez-leur l'activité en expliquant ce que vous attendez d'eux. Profitez de l'occasion pour leur apprendre toute notion qu'ils doivent connaître pour faire l'activité.

5. À chaque poste, indiquez le nombre d'élèves qui peuvent faire l'activité en même temps. Rappelez aux élèves les règles de comportement à suivre.

# Fiches d'activités du 100ᵉ jour d'école

Fabrique un collier avec 100 morceaux de céréales.

Combien de fois peux-tu sauter sur place, en écartant les bras, en 100 secondes?

Devine la distance que tu peux parcourir en faisant 100 pas.

Fais bondir un ballon 100 fois.

Fais du jogging sur place pendant 100 secondes.

Combien de fois peux-tu faire bondir un ballon en 100 secondes?

# Fiches d'activités du 100ᵉ jour d'école

---

Danse le twist pendant 100 secondes.

---

Combien de sauts à la corde peux-tu faire en 100 secondes?

---

Combien de fois peux-tu faire tourner un cerceau autour de ta taille en 100 secondes?

---

Combien de redressements assis peux-tu faire en 100 secondes?

---

Combien de fois peux-tu toucher ta tête, tes genoux et tes orteils en 100 secondes?

---

Garde le silence pendant 100 secondes.

# Fiches d'activités du 100ᵉ jour d'école

---

Quelle est la longueur de 100 pièces de 1 ¢ placées bout à bout?

---

Combien de tractions peux-tu faire en 100 secondes?

---

Combien pèsent 100 pièces de 1 ¢?

---

Fais un casse-tête de 100 pièces.

---

Écris 100 mots.

---

**Entrée de journal :**

À ton avis, comment se sent une personne de 100 ans?

# Fiches d'activités du 100ᵉ jour d'école

| | |
|---|---|
| Dessine un timbre en l'honneur du 100ᵉ jour d'école. | Écris une carte postale pour le 100ᵉ jour d'école. |
| Fais un portrait de toi-même à 100 ans. | Dessine le monde tel qu'il sera dans 100 ans. |
| Dessine le monde tel qu'il était il y a 100 ans. | Crée une affiche annonçant le 100ᵉ jour d'école. |

# Fiches d'activités du 100ᵉ jour d'école

Compte jusqu'à 100 par 1.

Compte jusqu'à 100 par 2.

Compte jusqu'à 100 par 5.

Compte jusqu'à 100 par 10.

De combien de façons peux-tu arriver à 1 $ avec différentes pièces de monnaie?

De combien de façons peux-tu arriver à 100 $ avec des billets et des pièces de monnaie?

# Fiches d'activités du 100ᵉ jour d'école

| | |
|---|---|
| Compte par 1 à l'envers à partir de 100. | Compte par 2 à l'envers à partir de 100. |
| Compte par 5 à l'envers à partir de 100. | Compte par 10 à l'envers à partir de 100. |
| Compte par 25 à l'envers à partir de 100. | Compte jusqu'à 100 par 25. |

# Fiches d'activités du 100ᵉ jour d'école

| | |
|---|---|
| Crée un dessin avec 100 macaronis. | Construis une structure avec 100 cubes. |
| Construis une structure de 100 cm de haut. | Crée un dessin avec 100 formes. |
| Recueille 100 signatures. | Dresse une liste de tes 100 choses préférées. |

# Fiches d'activités du 100ᵉ jour d'école

Quelle est la longueur de 100 pièces de 5 ¢ placées bout à bout?

Trace un polygone dont le périmètre est de 100 cm.

Quelle est la longueur de 100 trombones placés bout à bout?

Trace un polygone dont la surface est de 100 cm².

Écris 100 chiffres plus élevés que 100.

Combien pèsent 100 bonbons haricots?

# Fiches d'activités du 100ᵉ jour d'école

Fabrique un signet pour le 100ᵉ jour d'école.

Quelle est la longueur de 100 crayons placés bout à bout?

Sur une carte géographique, trouve le nom des villes qui sont à 100 km de la tienne.

Fais fondre 100 cubes de glace, puis mesure la quantité d'eau produite.

Une année de chien équivaut à 7 ans de vie humaine. Quel âge aurait un humain de 100 ans en années de chien?

Tire une pièce de monnaie à pile ou face 100 fois. Note les résultats.

# Fiches d'activités du 100ᵉ jour d'école

Combien pèsent 100 pièces de 5 ¢?

Combien pèsent 100 grains de maïs soufflé?

Combien pèsent 100 trombones?

Combien pèsent 100 ml d'eau?

Trouve quelque chose qui mesure 100 cm.

Trouve quelque chose qui mesure moins de 100 cm.

# Fiches d'activités du 100e jour d'école

---

Trouve quelque chose qui mesure plus de 100 cm.

---

Lisez 100 livres, tes camarades de classe et toi.

---

Crée une suite de couleurs avec 100 cubes placés bout à bout.

---

Avec ta classe, crée un collage au moyen de groupes de 100 objets.

---

Avec ta classe, recueille 100 boîtes de conserve et donne-les à des gens dans le besoin.

---

Compte jusqu'à 100 par 4.

# Fiches d'activités du 100ᵉ jour d'école

| | |
|---|---|
| **Peux-tu retenir ton souffle pendant 100 secondes?** | **Peux-tu fredonner pendant 100 secondes?** |
| **Peux-tu rire pendant 100 secondes?** | **Peux-tu te tenir en équilibre sur un pied pendant 100 secondes?** |
| **Peux-tu rester immobile comme une statue pendant 100 secondes?** | **Combien de fois peux-tu cligner des yeux en 100 secondes?** |

# Fiches d'activités du 100ᵉ jour d'école

| | |
|---|---|
| Avec ta classe, fais une liste de 100 adjectifs. | Avec ta classe, fais une liste de 100 verbes. |
| Avec ta classe, fais une liste de 100 noms. | Avec ta classe, fais une liste de 100 animaux du Canada. |
| **Entrée de journal :** Si on t'accordait 100 souhaits, que demanderais-tu? | **Entrée de journal :** Tu as gagné 100 $. Comment vas-tu dépenser cet argent? |

# Fiches d'activités du 100ᵉ jour d'école

| | |
|---|---|
| Cours un sprint de 100 mètres. | Fabrique une couronne pour le 100ᵉ jour d'école. |
| Fabrique une chaîne de papier de 100 maillons. | Costume-toi comme si tu avais 100 ans. |
| **Entrée de journal :** Préférerais-tu manger 100 bonbons haricots ou 100 grains de maïs soufflé? | **Entrée de journal :** Aimerais-tu avoir 100 animaux de compagnie? |

# Fiches d'activités du 100ᵉ jour d'école

---

Bois 100 ml de jus.

---

Entrée de journal :
Je pourrais manger 100 _____.

---

En quelle année auras-tu 100 ans? Explique ton calcul.

---

Entrée de journal :
Si j'avais 100 _____, je…

---

Rédige une histoire de 100 mots.

---

Fais une recherche pour trouver des choses qui ont été inventées au cours des 100 dernières années.

# Fiches d'activités du 100ᵉ jour d'école

---

Chante « Bonne 100ᵉ journée » sur l'air de « Joyeux anniversaire ».

---

**Entrée de journal :**
Dans les 100 premiers jours d'école, j'ai appris…

---

Combien de mètres y a-t-il dans 100 km?

---

**Entrée de journal :**
Ce que j'aime le plus du 100ᵉ jour, c'est…

---

Rédige un acrostiche avec le mot « centième ».

---

Crée une collation avec un mélange de 100 ingrédients.

# Fiches d'activités du 100ᵉ jour d'école

Avec ta classe, trouve 100 blagues ou devinettes.

Entrée de journal :
On m'a dit 100 fois de _____.

Nomme un animal qui a 100 pattes.

Remplis un tableau des nombres de 1 à 100.

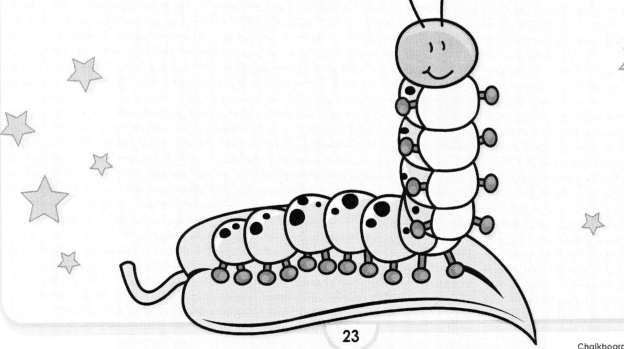

# Carte postale pour le 100ᵉ jour

**Écris une carte postale à un ou une camarade dans laquelle tu lui raconteras ce que tu as appris au cours des 100 premiers jours d'école.**

<u>Recto de la carte :</u>

<u>Verso de la carte :</u>

Destinataire

# Timbre en l'honneur du 100ᵉ jour

Crée un timbre en l'honneur du 100ᵉ jour d'école.

Écris quelques mots au sujet de ton timbre :

_____
_____

# Mon portrait à 100 ans

**De quoi auras-tu l'air le jour de ton 100ᵉ anniversaire de naissance?**

# Affiche annonçant le 100ᵉ jour

Crée une affiche pour expliquer aux gens ce qu'est le 100ᵉ jour d'école. Surtout, n'oublie pas :

- d'indiquer la raison pour laquelle on célèbre le 100ᵉ jour d'école;
- de faire un dessin détaillé et d'écrire avec soin.

# Résultats des activités du 100ᵉ jour

| Activité | En 100 secondes, je peux... |
|----------|------------------------------|
|          |                              |
|          |                              |
|          |                              |
|          |                              |
|          |                              |
|          |                              |
|          |                              |
|          |                              |
|          |                              |
|          |                              |
|          |                              |
|          |                              |
|          |                              |
|          |                              |
|          |                              |

# Collage du 100ᵉ jour

**Fais un collage avec 100 objets.**

**Ce pourrait être 100 autocollants, 100 pois de couleur, etc.**

# Crée un billet de 100 $

Crée ton propre billet de 100 $.

Voici à quoi ressemble un véritable billet de 100 $!

| 100 | CANADA |
| --- | --- |
| BANK OF CANADA • BANQUE DU CANADA | CENT • ONE HUNDRED DOLLARS |
| | 100 |

Écris quelques mots au sujet de ton billet de 100 $ :

_____

_____

# Crée une pièce de 1 $

Crée ta propre pièce de 1 $.

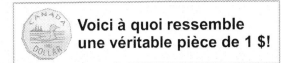
Voici à quoi ressemble une véritable pièce de 1 $!

On donne parfois le nom de « huard » à la pièce de 1 $. Quel nom as-tu donné à ta pièce de 1 $? Pourquoi?

_____

_____

# Une couronne du 100ᵉ jour

1. Découpe une large bande de papier de bricolage. Elle servira de base à ta couronne du 100ᵉ jour.
2. Découpe l'image ci-dessous et colle-la sur la bande de papier.
3. Décore ta couronne avec 100 objets.

# Collation pour le 100ᵉ jour

Crée ta propre collation pour le 100ᵉ jour en mélangeant les ingrédients de ton choix. N'oublie pas que tu dois utiliser 100 ingrédients!

| Quantité | Ingrédient |
|---|---|
| | |
| | |
| | |
| | |
| | |
| | |
| | |
| | |
| | |
| | |

Écris quelques mots au sujet de ta collation :

_____

_____

# 100 animaux sauvages du Canada

Voici deux excellents sites Web où tu pourras trouver des renseignements au sujet de ces animaux :
- www.ffdp.ca (Faune et flore du pays)
- www.ec.gc.ca (Environnement Canada)

## MAMMIFÈRES

| | | | | |
|---|---|---|---|---|
| 1. | baleine boréale | | 19. | lynx du Canada |
| 2. | béluga | | 20. | marmotte commune |
| 3. | bison | | 21. | marsouin commun |
| 4. | bœuf musqué | | 22. | martre |
| 5. | carcajou | | 23. | morse de l'Atlantique |
| 6. | caribou | | 24. | mouffette rayée |
| 7. | castor | | 25. | mouton de montagne |
| 8. | cerf de Virginie | | 26. | orignal |
| 9. | chauve-souris | | 27. | ours noir |
| 10. | chèvre de montagne | | 28. | ours polaire |
| 11. | couguar | | 29. | porc-épic |
| 12. | coyote | | 30. | rat musqué |
| 13. | écureuil gris | | 31. | raton laveur |
| 14. | épaulard | | 32. | renard arctique |
| 15. | grizzli | | 33. | renard roux |
| 16. | lemming | | 34. | renard véloce |
| 17. | lièvre d'Amérique | | 35. | tamia |
| 18. | loup | | 36. | wapiti |

## AMPHIBIENS ET REPTILES

| | | | | |
|---|---|---|---|---|
| 37. | couleuvre de l'Ouest | | 40. | grenouille des bois |
| 38. | crapaud cornu | | 41. | rainette faux-grillon |
| 39. | grenouille à pattes rouges | | 42. | tortue luth |

# 100 animaux sauvages du Canada

## OISEAUX

| | | | | | |
|---|---|---|---|---|---|
| 43. | canard noir | 61. | grand héron | 79. | hirondelle noire |
| 44. | chardonneret jaune | 62. | grand-duc d'Amérique | 80. | sittelle à poitrine rousse |
| 45. | merle d'Amérique | 63. | grande oie des neiges | 81. | fuligule à tête rouge |
| 46. | sterne arctique | 64. | arlequin plongeur | 82. | goéland à bec cerclé |
| 47. | macareux moine | 65. | goéland argenté | 83. | sterne de Dougall |
| 48. | pygargue à tête blanche | 66. | pluvier kildir | 84. | colibri à gorge rubis |
| 49. | grive de Bicknell | 67. | petite oie des neiges | 85. | gélinotte huppée |
| 50. | mésange à tête noire | 68. | pie-grièche migratrice | 86. | oiseaux de mer |
| 51. | geai bleu | 69. | huard | 87. | bécasseau semipalmé |
| 52. | petit garrot | 70. | canard colvert | 88. | épervier brun, épervier de Cooper et autour des palombes |
| 53. | chevêche des terriers | 71. | guillemot marbré | 89. | oiseaux de rivage |
| 54. | bernache | 72. | merlebleu azuré | 90. | harfang des neiges |
| 55. | fuligule à dos blanc | 73. | guillemot | 91. | cygne trompette |
| 56. | starique de Cassin | 74. | fou de Bassan | 92. | cygne siffleur |
| 57. | eider à duvet | 75. | balbuzard pêcheur | 93. | grue blanche |
| 58. | pic mineur | 76. | faucon pèlerin | 94. | dindon sauvage |
| 59. | gros-bec errant | 77. | pluvier siffleur | 95. | canard branchu |
| 60. | mésangeai du Canada | 78. | lagopède | | |

## POISSONS

| | | | | |
|---|---|---|---|---|
| 96. | corégone atlantique | 99. | saumon | |
| 97. | ombre de l'Arctique | 100. | truite arc-en-ciel | |
| 98. | grand brochet | | | |

# Signet du 100ᵉ jour

Colorie les deux images, puis découpe-les et colle-les dos à dos!

# Page à colorier pour le 100ᵉ jour

**Colorie l'illustration ci-dessous. Sur le tableau, dessine un trait pour chaque jour d'école jusqu'au 100ᵉ.**

# Histoire de 100 mots

# Mon journal – Entrée du 100ᵉ jour

**Tu as gagné 100 $! Comment vas-tu dépenser cet argent?**

# Mon journal – Entrée du 100ᵉ jour

**Si on t'accordait 100 souhaits, que demanderais-tu? Explique ta réponse.**

# Mon journal – Entrée du 100ᵉ jour

**Aimerais-tu avoir 100 animaux de compagnie?
Explique ta réponse.**

# Mon journal - Entrée du 100ᵉ jour

Si j'avais **100** _____ , je...

# Mon journal - Entrée du 100ᵉ jour

Je pourrais manger 100 _____

# Acrostiche du 100ᵉ jour

Un acrostiche est un poème dans lequel la première lettre de tous les vers forme un mot. Compose un acrostiche pour le 100ᵉ jour d'école.

**C** _____

**E** _____

**N** _____

**T** _____

**I** _____

**E** _____

**M** _____

**E** _____

# Activité amusante pour le 100ᵉ jour

# Points à relier jusqu'à 100

Compte par 5 jusqu'à 100, tout en reliant les points. Puis colorie l'image.

## Va plus loin :

Ajoute 10 groupes de 10 ballons à l'image.

# Points à relier jusqu'à 100

Compte par 10 jusqu'à 100, tout en reliant les points. Puis colorie l'image.

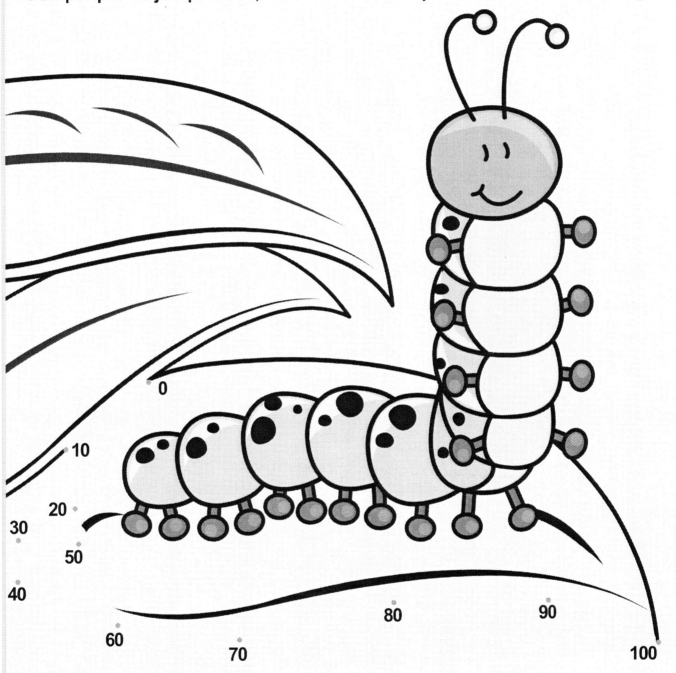

## Va plus loin :

Ajoute 100 coccinelles à l'image.

# Creuse-toi la tête pour le 100ᵉ jour

Résous chacun des problèmes. Montre comment tu t'y es pris.

1. Il y a 7 jours dans une semaine. Combien de jours y a-t-il dans 100 semaines?

2. Il y a 12 mois dans une année. Combien de mois y a-t-il dans 100 années?

3. Il y a 365 jours dans une année. Combien de jours y a-t-il dans 100 années?

# Creuse-toi la tête pour le 100ᵉ jour

Résous chacun des problèmes. Montre comment tu t'y es pris.

1. Il y a 60 secondes dans une minute. Combien y a-t-il de secondes dans 100 minutes?

2. Il y a 60 minutes dans une heure. Combien y a-t-il de minutes dans 100 heures?

# Creuse-toi la tête pour le 100ᵉ jour

Trouve les pièces de monnaie qu'il te faut pour arriver à 1 $, puis colle-les ou dessine-les dans les cases.

# Creuse-toi la tête pour le 100ᵉ jour

Trouve les billets qu'il te faut pour arriver à 100 $, puis colle-les ou dessine-les dans les cases.

# 100 problèmes de maths

| | | | | | | | |
|---|---|---|---|---|---|---|---|
| 1 | 2 + 2 = | 2 | 9 + 9 = | 3 | 0 + 8 = | 4 | 3 + 1 = |
| 5 | 9 + 8 = | 6 | 5 + 1 = | 7 | 9 + 2 = | 8 | 7 + 6 = |
| 9 | 5 + 2 = | 10 | 3 + 3 = | 11 | 7 + 7 = | 12 | 9 + 3 = |
| 13 | 8 + 6 = | 14 | 6 + 5 = | 15 | 8 + 2 = | 16 | 7 + 1 = |
| 17 | 7 + 0 = | 18 | 4 + 3 = | 19 | 7 + 4 = | 20 | 4 + 2 = |
| 21 | 8 + 7 = | 22 | 6 + 4 = | 23 | 0 + 1 = | 24 | 10 + 10 = |
| 25 | 7 + 5 = | 26 | 7 + 2 = | 27 | 5 + 5 = | 28 | 6 + 3 = |
| 29 | 5 + 4 = | 30 | 8 + 3 = | 31 | 6 + 7 = | 32 | 6 + 1 = |
| 33 | 1 + 1 = | 34 | 10 + 6 = | 35 | 8 + 4 = | 36 | 10 + 7 = |
| 37 | 10 + 1 = | 38 | 5 + 3 = | 39 | 3 + 2 = | 40 | 2 + 1 = |
| 41 | 7 + 3 = | 42 | 9 + 6 = | 43 | 4 + 4 = | 44 | 6 + 6 = |
| 45 | 9 + 7 = | 46 | 8 + 5 = | 47 | 8 + 1 = | 48 | 10 + 2 = |
| 49 | 4 + 1 = | 50 | 6 + 2 = | | | | |

# 100 problèmes de maths

| | | | | | | | |
|---|---|---|---|---|---|---|---|
| 51 | 10 - 9 = | 52 | 12 - 1 = | 53 | 7 - 2 = | 54 | 10 - 3 = |
| 55 | 5 - 1 = | 56 | 7 - 1 = | 57 | 9 - 2 = | 58 | 12 - 4 = |
| 59 | 12 - 5 = | 60 | 4 - 3 = | 61 | 14 - 9 = | 62 | 9 - 8 = |
| 63 | 9 - 4 = | 64 | 12 - 6 = | 65 | 8 - 4 = | 66 | 6 - 4 = |
| 67 | 8 - 6 = | 68 | 8 - 1 = | 69 | 10 - 2 = | 70 | 8 - 7 = |
| 71 | 13 - 6 = | 72 | 16 - 8 = | 73 | 7 - 5 = | 74 | 9 - 6 = |
| 75 | 7 - 4 = | 76 | 8 - 2 = | 77 | 11 - 5 = | 78 | 18 - 9 = |
| 79 | 10 - 8 = | 80 | 15 - 8 = | 81 | 9 - 5 = | 82 | 10 - 7 = |
| 83 | 4 - 2 = | 84 | 8 - 3 = | 85 | 5 - 4 = | 86 | 9 - 3 = |
| 87 | 9 - 7 = | 88 | 20 - 10 = | 89 | 6 - 3 = | 90 | 9 - 9 = |
| 91 | 3 - 1 = | 92 | 10 - 5 = | 93 | 11 - 9 = | 94 | 7 - 6 = |
| 95 | 10 - 4 = | 96 | 7 - 3 = | 97 | 8 - 5 = | 98 | 10 - 0 = |
| 99 | 1 - 0 = | 100 | 9 - 1 = | | | | |

# Blague du 100e jour

Qu'est-ce qui coûte le plus cher au centipède?

| O | 9 - 1 = |
|---|---------|
| R | 10 - 5 = |
| E | 6 - 5 = |
| U | 10 - 4 = |

| L | 4 - 1 = |
|---|---------|
| I | 8 - 4 = |
| S | 9 - 2 = |

___  ___  ___  /
 7    1    7

___ ___ ___ ___ ___ ___ ___ ___ !
 7   8   6   3   4   1   5   7

# Blague du 100e jour

Que fait le centipède en attendant son ami?

| N | 1 + 0 = |
|---|---------|
| P | 8 + 2 = |
| A | 2 + 2 = |
| T | 2 + 1 = |
| E | 4 + 4 = |

| I | 7 + 5 = |
|---|---------|
| C | 3 + 4 = |
| S | 9 + 2 = |
| L | 1 + 4 = |
| F | 3 + 3 = |

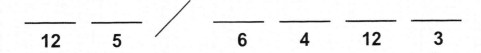

___  ___  / ___ ___ ___ ___
12    5      6    4   12   3

___ ___ ___ / ___ ___ ___ ___
 5   8   11    7   8   1   3

___ ___ ___!
10   4   11

# J'ai atteint 100!

Jette un défi à un camarade : lancez les dés pour savoir qui atteindra 100 en premier!

**Ce qu'il vous faut :**

| des cubes de base dix | deux dés | un tableau des valeurs de position |

**Comment jouer :**

1. Le premier joueur lance les dés.

2. Il compte le nombre d'unités correspondant au résultat obtenu, puis il les place dans la colonne des unités de son tableau.

3. Le deuxième joueur lance les dés.

4. Il compte le nombre d'unités correspondant au résultat obtenu, puis il les place dans la colonne des unités de son tableau.

5. Lorsqu'un joueur a 10 unités dans cette colonne, il les remplace par une dizaine dans la colonne des dizaines.

6. Le premier joueur à regrouper ses dizaines en une centaine gagne la partie!

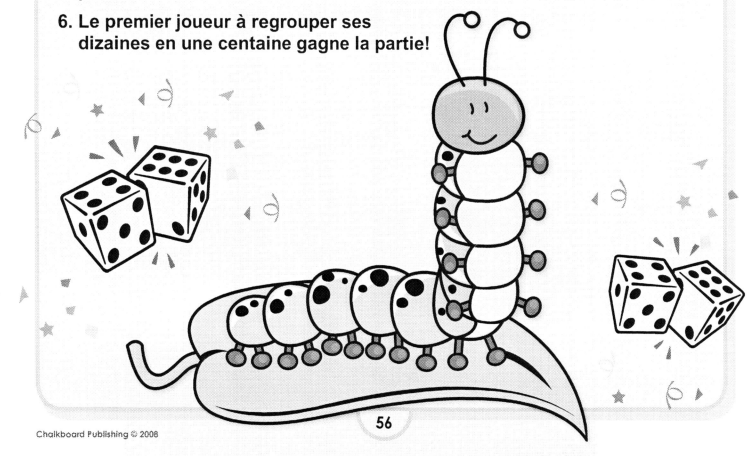

# J'ai atteint 100! – Tableau des valeurs de position

| 100 = CENTAINES | |
|---|---|
| 10 = DIZAINES | |
| 1 = UNITÉS | |

# Creuse-toi la tête pour le 100ᵉ jour

Complète ce tableau des nombres jusqu'à 100.

| 1 | | | | | | | | | 10 |
|---|---|---|---|---|---|---|---|---|---|
| | | | | | | | | | |
| | | | | | | | 28 | | |
| 31 | | | | | | | | | |
| | | | | | | | | | |
| | | | | | | | | | 60 |
| | | | | | | | | | |
| 71 | | | | | | | | | |
| | | 83 | | | | | | | |
| | | | | | | | | 99 | |

Compte par 1 en coloriant les nombres en rouge.

Compte par 2 en coloriant les nombres en bleu.

Compte par 5 en traçant un X vert sur chaque nombre.

Compte par 10 en traçant un cercle orange autour de chaque nombre.

# Tableau des résultats – 100ᵉ jour

**Tire 100 fois à pile ou face, puis compile les résultats.**

| Face | Pile |
|---|---|
|  |  |

**Je prédis que** _____ **va gagner.**

**Après avoir tiré 100 fois à pile ou face, j'ai constaté que** _____ .

---

**Tire 100 fois à pile ou face, puis compile les résultats.**

| Face | Pile |
|---|---|
|  |  |

**Je prédis que** _____ **va gagner.**

**Après avoir tiré 100 fois à pile ou face, j'ai constaté que** _____ .

# 100ᵉ jour - Poids plume, poids lourd

Combien pèsent différents groupes de 100 objets?

| Groupe de 100 | Poids |
|---|---|
|  |  |
|  |  |
|  |  |
|  |  |
|  |  |
|  |  |
|  |  |
|  |  |
|  |  |
|  |  |
|  |  |

**Lequel des groupes de 100 objets est le plus lourd?**

_____

**Lequel des groupes de 100 objets est le plus léger?**

_____

# Certificat d'assiduité jusqu'au 100e jour

# Certificats de lecture

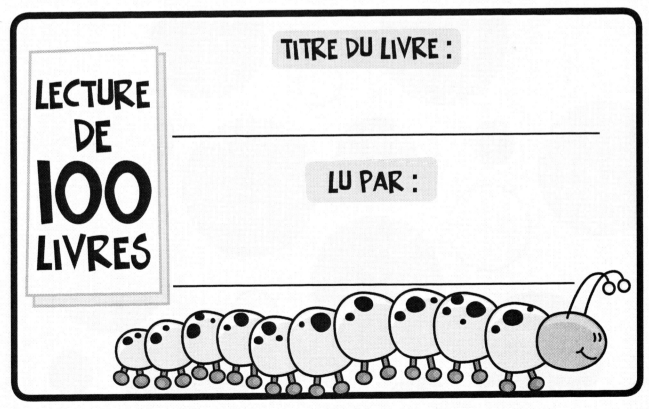

# Prix du meilleur costume du 100ᵉ jour

# Compte jusqu'à 100!

| 1 | 2 | 3 |
|---|---|---|
| 4 | 5 | 6 |
| 7 | 8 | 9 |

# Compte jusqu'à 100!

| 10 | 11 | 12 |
| 13 | 14 | 15 |
| 16 | 17 | 18 |

# Compte jusqu'à 100!

| 19 | 20 | 21 |
| 22 | 23 | 24 |
| 25 | 26 | 27 |

# Compte jusqu'à 100!

| 28 | 29 | 30 |
|----|----|----|
| 31 | 32 | 33 |
| 34 | 35 | 36 |

# Compte jusqu'à 100!

| | | |
|---|---|---|
| 37 | 38 | 39 |
| 40 | 41 | 42 |
| 43 | 44 | 45 |

# Compte jusqu'à 100!

| 46 | 47 | 48 |
| --- | --- | --- |
| 49 | 50 | 51 |
| 52 | 53 | 54 |

# Compte jusqu'à 100!

| 55 | 56 | 57 |
| 58 | 59 | 60 |
| 61 | 62 | 63 |

# Compte jusqu'à 100!

| 64 | 65 | 66 |
| --- | --- | --- |
| 67 | 68 | 69 |
| 70 | 71 | 72 |

# Compte jusqu'à 100!

| 73 | 74 | 75 |
|----|----|----|
| 76 | 77 | 78 |
| 79 | 80 | 81 |

# Compte jusqu'à 100!

| 82 | 83 | 84 |
| --- | --- | --- |
| 85 | 86 | 87 |
| 88 | 89 | 90 |

# Compte jusqu'à 100!

| 91 | 92 | 93 |
|---|---|---|
| 94 | 95 | 96 |
| 97 | 98 | 99 |

# Compte jusqu'à 100!

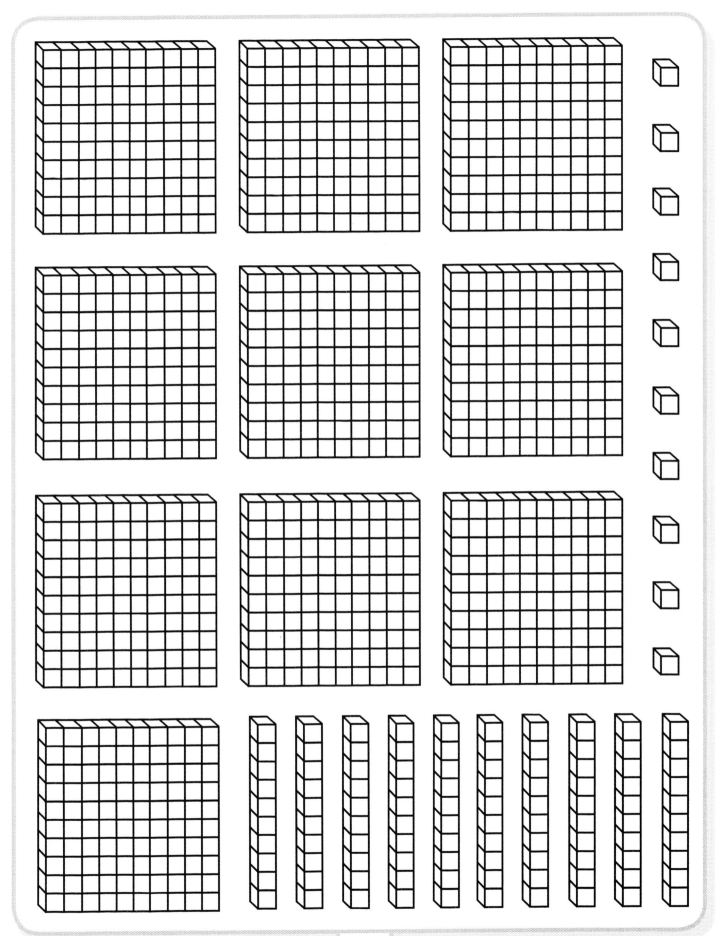

# Corrigé

**Creuse-toi la tête pour le 100ᵉ jour, p. 48**
1. Il y a 700 jours dans 100 semaines.
2. Il y a 1200 mois dans 100 années.
3. Il y a 36 500 jours dans 100 années.

**Creuse-toi la tête pour le 100ᵉ jour, p. 49**
1. Il y a 6000 secondes dans 100 minutes.
2. Il y a 6000 minutes dans 100 heures.

**100 problèmes de maths, p. 52**

| # | | # | |
|---|---|---|---|
| 1. | 2 + 2 = 4 | 26. | 7 + 2 = 9 |
| 2. | 9 + 9 = 18 | 27. | 5 + 5 = 10 |
| 3. | 0 + 8 = 8 | 28. | 6 + 3 = 9 |
| 4. | 3 + 1 = 4 | 29. | 5 + 4 = 9 |
| 5. | 9 + 8 = 17 | 30. | 8 + 3 = 11 |
| 6. | 5 + 1 = 6 | 31. | 6 + 7 = 13 |
| 7. | 9 + 2 = 11 | 32. | 6 + 1 = 7 |
| 8. | 7 + 6 = 13 | 33. | 1 + 1 = 2 |
| 9. | 5 + 2 = 7 | 34. | 10 + 6 = 16 |
| 10. | 3 + 3 = 6 | 35. | 8 + 4 = 12 |
| 11. | 7 + 7 = 14 | 36. | 10 + 7 = 17 |
| 12. | 9 + 3 = 12 | 37. | 10 + 1 = 11 |
| 13. | 8 + 6 = 14 | 38. | 5 + 3 = 8 |
| 14. | 6 + 5 = 11 | 39. | 3 + 2 = 5 |
| 15. | 8 + 2 = 10 | 40. | 2 + 1 = 3 |
| 16. | 7 + 1 = 8 | 41. | 7 + 3 = 10 |
| 17. | 7 + 0 = 7 | 42. | 9 + 6 = 15 |
| 18. | 4 + 3 = 7 | 43. | 4 + 4 = 8 |
| 19. | 7 + 4 = 11 | 44. | 6 + 6 = 12 |
| 20. | 4 + 2 = 6 | 45. | 9 + 7 = 16 |
| 21. | 8 + 7 = 15 | 46. | 8 + 5 = 13 |
| 22. | 6 + 4 = 10 | 47. | 8 + 1 = 9 |
| 23. | 0 + 1 = 1 | 48. | 10 + 2 = 12 |
| 24. | 10 + 10 = 20 | 49. | 4 + 1 = 5 |
| 25. | 7 + 5 = 12 | 50. | 6 + 2 = 8 |

**100 problèmes de maths, p. 53**

| # | | # | |
|---|---|---|---|
| 51. | 10 - 9 = 1 | 76. | 8 - 2 = 6 |
| 52. | 12 - 1 = 11 | 77. | 11 - 5 = 6 |
| 53. | 7 - 2 = 5 | 78. | 18 - 9 = 9 |
| 54. | 10 - 3 = 7 | 79. | 10 - 8 = 2 |
| 55. | 5 - 1 = 4 | 80. | 15 - 8 = 7 |
| 56. | 7 - 1 = 6 | 81. | 9 - 5 = 4 |
| 57. | 9 - 2 = 7 | 82. | 10 - 7 = 3 |
| 58. | 12 - 4 = 8 | 83. | 4 - 2 = 2 |
| 59. | 12 - 5 = 7 | 84. | 8 - 3 = 5 |
| 60. | 4 - 3 = 1 | 85. | 5 - 4 = 1 |
| 61. | 14 - 9 = 5 | 86. | 9 - 3 = 6 |
| 62. | 9 - 8 = 1 | 87. | 9 - 7 = 2 |
| 63. | 9 - 4 = 5 | 88. | 20 - 10 = 10 |
| 64. | 12 - 6 = 6 | 89. | 6 - 3 = 3 |
| 65. | 8 - 4 = 4 | 90. | 9 - 9 = 0 |
| 66. | 6 - 4 = 2 | 91. | 3 - 1 = 2 |
| 67. | 8 - 6 = 2 | 92. | 10 - 5 = 5 |
| 68. | 8 - 1 = 7 | 93. | 11 - 9 = 2 |
| 69. | 10 - 2 = 8 | 94. | 7 - 6 = 1 |
| 70. | 8 - 7 = 1 | 95. | 10 - 4 = 6 |
| 71. | 13 - 6 = 7 | 96. | 7 - 3 = 4 |
| 72. | 16 - 8 = 8 | 97. | 8 - 5 = 3 |
| 73. | 7 - 5 = 2 | 98. | 10 - 0 = 10 |
| 74. | 9 - 6 = 3 | 99. | 1 - 0 = 1 |
| 75. | 7 - 4 = 3 | 100. | 9 - 1 = 8 |

**Blague du 100ᵉ jour, p. 54**
Qu'est-ce qui coûte le plus cher au centipède? Réponse : Ses souliers!

**Blague du 100ᵉ jour, p. 55**
Que fait le centipède en attendant son ami? Réponse : Il fait les cent pas!